• 사람을 쉽게 아는 제 4법칙 얼굴점 •

얼굴점으로 사람의 성격과 내 운명을 알 수 있다

최이윤

- 얼굴 점 안에 운명과 미래가 담겨져 있다 -

어떤 사람을 만나고 어떤 사람과 친하게
지내야 성공할 수 있을까?

법문북스

Contents

얼굴점으로 사람의 성격과 내 운명을 알 수 있다

얼굴 점에 의한 관상

점의 종류

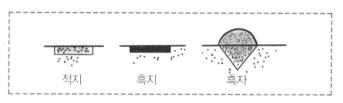

적지　　　　흑지　　　　흑자

　점에는 이른바 적지, 흑지, 흑자 등 세 가지가 있으며 저마다 길흉이 있다. 흑자는 피부 위에 둥글게 솟아있는 걸로 그림처럼 뿌리가 있다. 그 길흉은 흑자가 있는 장소에 의해 여러 가지로 달라진다. 흑지(검은 점)는 흑자처럼 돋아있지 않고 피부겉면에 있는 흑점으로 길흉으로 말한다면 대흉이다. 적지(붉은 점)도 흑지와 마찬가지로 피부겉면에 있는 적점으로 길하다. 그런데 흑자는 어째서 존재하는가, 어떻게 생기는가 하는 일인데 생후 온갖 인연에 의해 생긴 것으로 지상의 분묘에 해당되는 것이다.

신체적으로 피부의 검은색은 신장계통의 기능장애에서 생겨난 것이 바로 흑자다. 소년이 되어 흑갈색의 기미가 생기는데, 이건 흑반 혹은 수반이라고 하여 신허의 증거 이지만 장수의 징조이다.

흑자의 위치와 운수

흑자라도 검은 콩처럼 커다란 것을 흑두반이라고 하여 부부연이 한번으로 끝나지 않을 운수다. 이것과 달리 붉고 윤이 나는 적지는 미질이라하여 좋은 혈통이나 아름다운 핏줄의 표상이기 때문에 길상이다.

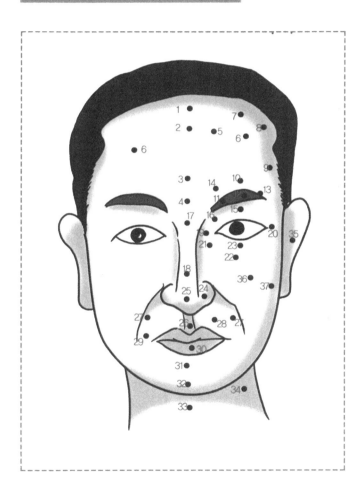

1) 천상궁

윗사람을 거슬리고 조상에게 제사지내지 않으며 조상에게 받은 재산을 탕진할 뿐만 아니라 윗사람이나 상관에게도 혜택을 받지 못한다.

2) 천정궁

재난을 만나 노상에서 죽는 일이 있고 또 남편은 아내를, 아내는 남편을 여의는 관상이며 양친도 잃는다. 이 관상은 스무 살 전 후에 사랑을 한 운수다.

3) 직무궁

뜻을 이룰 수 없고 무슨 일이건 여의치 않아 항상 직업에 망설이든가 두뇌활동이 둔하다. 또한 고집이 세고 고생을 많이 한다.

4) 태양궁

윗사람에게 통제받는 것을 극단적으로 싫어하는 성격이

기 때문에 월급쟁이보다, 독립적인 사업으로 성공을 거둔다.

5) 조상궁
남자는 재산을 잃고 여성은 난산한다.

6) 양친궁
부모를 여의고 여성은 재혼한다.

7) 원방궁
타양에서 재앙을 만나는 일이 있고 여성은 간통문제가 생긴다.

8) 신불궁
혼인 이외의 여성관계를 갖는 일이 있고 또 여행에는 흉사가 있다.

9) 여행궁
타향에서 뜻하지 않는 행운을 얻는다.

10) 천록궁
좋은 벗을 얻지 못하고 나쁜 친구 때문에 곤란을 받는다.

11) 미두
형님이나 누님과의 인연이 없다.

12) 미중부
형제의 인연이 없으며 공적인 재난을 만난다.

13) 미말부
누이동생이나 동생과 인연이 없다. 또 익사를 조심해야
한다. 눈썹 안에 흑자가 있는 것은 성품이 뛰어나 성급하
며 형제의 인연이 없다.

14) 교우궁

친구와의 친밀감이 부족하고 다툼이 생긴다.

15) 전택궁

가산을 잃거나 부모에게서 물려받은 재산을 잃는다. 또 가정이 시끄럽다.

16) 미두와 눈 사이

위장병을 앓고 부모에게서 물려받은 재산이 없다.

17) 자신궁

병골이고 색난의 징조가 있다.

18) 수명궁

남자는 소화기 계통의 병을, 여자는 단명의 남편을 만난다. 코의 양옆과 대양궁의 세군데에 있으면 대흉이다. 코의 좌우상하에 네 개가 있을 경우는 불륜에 빠지거나 대난을 초래한다.

19) 눈머리

장남이나 장녀와의 인연이 없다. 또한 다음의 징조로는 정조가 없고 일생 중 대난을 겪는다.

20) 처첩궁

부부연이 좋지 않고 서로 견제하여 재산을 탕진한다. 어쨌든 여기에 흑자가 있는 것은 색정문제가 일어나 재난을 받는다. 여자는 손아래 남자를 연모하여 대난을 겪게 되고, 만일 세 개가 있다면 이성의 틈바구니에서 괴롭다.

21) 눈머리와 은행궁 사이

삼각관계를 일으킨다. 또 재산을 잃고 자식을 여의고 고독 적막한 운수다.

22) 자손궁

의심이 많은 성격이기 때문에 문제를 일으킨다. 자식을 여의고 인연이 박하다. 자손궁의 밑에 있으면 남에게 손해를 입기 쉽다.

23) 아래눈꺼풀

남녀를 막론하고 간통할 상이다.

24) 코 옆

재산을 탕진하고 내기를 해도 승부할 운이 없다. 또 빌려준 돈을 회수하지 못한다. 중년엔 방랑할 운수이며 신체적으로 치질을 앓거나 여성은 생리불순이 된다.

25) 물심궁

남자는 여자를 좋아하고 여자는 남편운이 없는 과부상이다.

26) 인중궁

남자는 자식과의 인연이 없고 여자는 자궁에 고장이 있다. 그러나 위쪽에 있는 것은 자식이 많은 경향이 있다. 중간쯤에 있는 것은 남녀 모두 단명이고 부부연이 바뀐다. 또 여성은 병신자식을 낳을 수도 있다. 밑에 있는 것은 태어난 아이가 총명하고 글재주가 있다. 상하양단에 있는 것은 쌍둥이를 얻는다.

27) 법령선

다리 병에 걸리거나 조상으로부터의 물려받은 가업을 바꾸면서 사업에 실패한다. 또 부모의 임종을 보지 못한다.

28) 식궁

항상 말썽이 있고 남의 생활을 돌보아 손해를 본다. 여성은 초혼이 깨지기 쉽고 또 유산하거나 난산의 경향이 있다.

29) 구각

남녀 모두 초혼이 깨지고 재혼이나 삼혼을 한다. 또 수난의 상이다.

30) 입술

식복이 있지만 호색가이고 말다툼이나 구설에는 주의해야 한다.

31) 음식궁

음식의 재난이나 독에 의한 중독 등이 있다. 또 취한나머지 여자를 해치는 일도 있다. 남녀 모두 용기가 있지만, 흑자는 독살당하는 일이 있다.

32) 지력궁

소원과 희망에 지장이 생기고 집을 떠난다. 남자는 재산이 없고 여자는 난산의 상이다.

33) 인후
남자는 아내를 해치고 여자는 남편을 괴롭게 만든다.

34) 목 좌우
남녀 모두 색정이 깊고 정력적이다.

35) 귀
윤에 있는 건 총명하지만 유년 시대엔 병석에 눕는 일이 있다. 곽에 있는 것은 효성이 있다. 수주에 있는 것은 길상이고 부귀의 신분이 된다. 구멍에 있는 건 건강 장수의 길상이다.

36) 역행궁
세상에 파문을 던질 상인데, 남을 위해 자기의 권리를 뺏기고 손해를 본다.

37) 심성궁

비밀을 지키지 못하고 도심이 발동한다. 여성이 직무궁과 이전궁 또는 전택궁과 이전궁에 있을 경우는 남편에게 해를 준다. 또 태양궁과 자손궁(좌우)의 세군데 있을 때는 불량한 지식을 두게 된다.

손바닥의 중심

 손바닥 한가운데 있는 것은 입신출세를 할 길상이다. 여성은 고귀한 가문으로 출가한다. 그러나 손바닥 한가운데 이외에 있는 것은 좋지 않다. 손가락에 있을 경우는 남녀 모두 지혜와 재능이 있다.

가슴

 검은 흑자는 대길이지만 붉은 것은 성급하고 기억력이 약하다. 여자로 유방에 있는 것은 자식을 여의고 모유가 잘 나오지 않는다.

배, 허리

 다정하며 호색한이다.

발등과 발바닥

사람들 위에 존재하는 귀한 상이다.

배꼽

부부연이 두텁고 친밀하다.

등뼈의 옆

젊어서 일찍 죽는다는 속설이 있다.

음문

음욕이 강한 관상인데 배꼽에 가깝다면 길상,
항문에 가깝다면 남자의 운이 없어 고독하다.

얼굴점을 보면 사람을 알수가 있다

 남자는 부드럽고 온화한 성격을 소유하고 있으며, 자신의 수중에 먹을 것이 하나라도 있으면 남에게 베풀어주기 때문에 주변에 사람들이 붐빈다. 더구나 직장생활에서는 사람과 사람을 맺어주는 메신저로서 인기를 누린다. 이런 사람은 외교관이나 정치가로 성공할 수가 있다.

얼굴점을 보면 사람을 알수가 있다

여자는 활달한 남자적인 기질이 있어 무슨 일이든지 시원스럽게 처리한다. 너무 덤벙대는 바람에 섬세하게 챙기지 못하는 단점이 있다. 대인관계가 원만하고 리더십이 강하며 사업수완이 뛰어나 커리어우먼으로 성장할 가능성이 매우 짙다. 그러나 돈이 모이지 않아 저축하는 습관이 중요하다.

얼굴점을 보면 사람을 알수가 있다

남자는 사람과의 만남을 기피하는 소심한 성격의 소유자로 자신밖에 모르는 타입이다. 만약 사회활동을 한다면 실패할 확률이 매우 높다고 하겠다. 그 대신 자신의 성격과 반대되는 여자와 결혼하다면 여자으로 인해 자신의 운이 피어날 수가 있다. 결혼 후 직장생활보다 자영업이 좋다.

얼굴점을 보면 사람을 알수가 있다

여자는 미혼 때는 그저 그런 생활을 하지만 결혼 후에는 사업으로 대성한다. 그러나 자신의 성공으로 남편은 그만큼 쇠퇴하기 때문에 밸런스를 잘 유지해주는 것이 좋다. 그렇지 않으면 남편과의 불화가 일어날 확률이 많아져 가정을 위해 한발 양보하는 것도 괜찮다.

얼굴점을 보면 사람을 알수가 있다

 남자는 부잣집에서 태어나 조금만 어려운 일이 생겨도 남에게 의지하려는 경향이 많다. 한마디로 어려움에 대처하는 능력이 부족하다. 게다가 성격 또한 마음이 약하고 모질지를 못해 주변으로부터 사기까지 당한다. 이로 인해 맘고생이 심해 정신적인 질환에 시달릴 수가 있다.

얼굴점을 보면 사람을 알수가 있다

여자는 심성이 곱고 마음씨가 착해 타인에게 약간 어리석게 보인다. 비록 자신이 가진 것은 없지만 타인을 위해 봉사정신이 강해 항상 시간이 모자란다. 부모에 대한 효심이 지극하고 또한 동생들을 보살핀다는 핑계로 결혼을 아예 생각하지 않는다. 더구나 사회생활에서 귀인들의 도움이 많다.

얼굴점을 보면 사람을 알수가 있다

 남자는 누구에게도 지기를 싫어하는 고집과 막강한 실력을 지니고 있다. 따라서 너무 자신만만한 탓에 자신의 수준과 동등한 레벨이나 그 밑에 있는 사람과는 상종하기를 싫어하며, 항상 자신보다 위에 있거나 명성이 있는 사람과의 교류를 좋아한다. 다방면의 사람과 허물없이 지내야 성공한다.

얼굴점을 보면 사람을 알수가 있다

 여자는 점이 붉은 색을 띠면 동료나 친구사이에서 구설이나 다툼이 많다. 아는 것이 많고 콧대가 너무 높으며 자존심 또한 강해 주변에 친한 친구들이 없다. 그렇지만 한번 마음을 열고 사귀면 불구덩이라도 들어가 구해주는 의리가 있다. 친구와의 좋은 유대관계를 유지하는 것이 중요하다.

얼굴점을 보면 사람을 알수가 있다

 남자는 독립심이 강해 주위의 조언 없이 스스로 운명을 개척하여 자수성가한다. 성공은 하루아침에 이뤄지는 것이 아니라 오랜 시간의 투자가 있어야 된다. 성공 이후에 자신의 고생을 모델로 삼아 경영하기 때문에 부하직원들과 호흡이 잘 맞지 않는다. 따라서 현실에 맞는 경영이 필요하다.

얼굴점을 보면 사람을 알수가 있다

여자는 오직 자신만의 영위를 위한 사회생활로 남자의 복이 없다. 따라서 결혼을 하지 말고 독신으로 살면서 자기 멋대로 사는 것도 괜찮다. 마음이 좁아 남을 배려하지 못한다. 이런 단점을 보완하기 위해선 스스로 마음의 문을 열고 폭넓은 인간관계를 맺어야만 한다.

얼굴점을 보면 사람을 알수가 있다

 남자는 화끈한 성격과 함께 시원스럽게 생긴 자신의 외모처럼 무슨 일이든지 스케일이 크다. 하지만 일을 시작할 때 결과만을 생각하기 때문에 시행착오를 많이 발생한다. 여자친구와의 관계에서는 사랑을 받지 못한다. 그것은 섬세함이 결여되어 있기 때문이다. 철저한 사전조사와 파악이 중요하다.

얼굴점을 보면 사람을 알수가 있다

 여자는 자신의 깔끔한 외모처럼 주변의 모든 것을 청결하게 만들기를 원하는 스타일이다. 그렇지만 이것이 너무 심해 사람들로부터 외면을 당하기 쉽다. 더구나 신경질적이고 히스테리 컬한 성격이 있지만, 자신과 마음이 맞는 친구나 동료들에겐 다정다감함과 의리가 있다.

얼굴점을 보면 사람을 알수가 있다

　남자는 이 점이 적거나 크거나 관계없이 운수가 나쁘다.
천성적으로 삐뚤어진 성격을 타고났으며, 어떤 일을 하
든지 올바르게 판단하는 것이 아니라 반대에 의한 반대를
주장하는 좋지 못한 성격을 지니고 있다. 이런 이유로 인
해 주변사람들에게 배척받아 평생 동안 외롭고 고독한 삶
을 산다.

얼굴점을 보면 사람을 알수가 있다

　여자는 천성적으로 남을 시기하는 질투심이 강하지만 마음이 약하고 끈기가 없어 어떤 일을 하면 중간에 쉽게 포기하는 성격을 지니고 있다. 또한 앞에서 바로 이야기 하지 못하고 뒤에서 중얼거리기 때문에 동료들로부터 신뢰를 얻지 못한다. 솔직한 모습을 보여주는 것이 최상이다.

얼굴점을 보면 사람을 알수가 있다

 남자는 매사 예민하고 신경질적이기 때문에 즐거운 일이 있을 수가 없으며 항상 화난 얼굴을 하고 있다. 따라서 주변에 친하게 지내는 친구나 동료들이 없다. 특히 신경성 소화기계통의 질환과 우울증이 염려된다. 무엇이든 혼자 해결하려는 습관을 버리고 마음 창을 열어 스트레스를 줄여야 한다.

얼굴점을 보면 사람을 알수가 있다

여자는 성공하겠다는 의욕이 강해 일을 찾아서 닥치는 대로 처리하지만 의욕이 넘쳐 실수연발이다. 양성평등을 외치며 절대로 남자에게 뒤지지 않으려고 몰래 실력을 갈고 닦는다. 더구나 남자친구에게 여자가 우월하다고 주장한다. 한번 자존심이 상하면 기필코 만회하는 끈질김이 있다.

얼굴점을 보면 사람을 알수가 있다

 남자는 두뇌가 좋아 어릴 때부터 천재라는 소리를 듣고 자랐다. 외골수적인 기질이 강해 좀처럼 자기주장을 굽히는 경우가 없다. 또한 무슨 일이건 열심히 하고 있지만, 고집으로 인해 잃는 것이 더 많다. 이럴 때마다 자포자기 하지 말고 작은 일부터 넓은 마음으로 처리해나간다면 이겨낼 수 있다.

얼굴점을 보면 사람을 알수가 있다

여자는 약간 히스테리가 있고 신경이 날카롭다. 평상시엔 지적인 이미지와 얌전함으로 남자들에게 호감을 받는다. 하지만 가끔 나타내는 괴팍한 돌출행동으로 인해 남자친구와 수십 번을 헤어졌다가 만난다. 평소 말수가 적지만 자신이 좋아하는 사람에겐 모든 것을 털어놓는다.

얼굴점을 보면 사람을 알수가 있다

남자는 일이 매사 뜻대로 풀리지 않는다. 그래서 무슨 일이건 끝장을 보는 끈기 있는 성격은 있지만 싫증을 잘 낸다. 누구를 만나도 짜증스럽고 일을 해도 귀찮아지기 마련이다. 날이 갈수록 주변의 사람들이 한둘씩 멀어지면서 고독에 빠진다. 그렇다고 실망하지 말고 원인을 찾아서 해결하면 된다.

얼굴점을 보면 사람을 알수가 있다

 여자는 아기자기함으로 풀리지 않는 매듭을 차근차근 풀어나간다. 스스로 끈기가 부족하다는 것을 알고 있기 때문에 유비무환으로 자신에게 알맞은 일을 찾아서 하는 습관을 일찌감치 길러온 예지의 능력까지 있다. 또 순간순간의 임기응변이 뛰어나 남자를 뛰어넘는 지략도 지니고 있다.

얼굴점을 보면 사람을 알수가 있다

 남자는 사랑을 받는 것이 아니라 오히려 사랑을 베풀어야만 하는 운수다. 만일 사랑을 베풀지 않으면 금전적인 고생이나 시험(또는 취직)에 낙방한다. 이 점이 어릴 때가 아니라 나이가 들어 생기면 좋지 못하다. 또한 점이 빨간색을 띤다면 재난을 당할 운수이기 때문에 매사 주의해야 한다.

얼굴점을 보면 사람을 알수가 있다

여자는 화끈하고 명쾌하지만 마음이 여린 성격을 소유하고 있다. 일을 시작할 땐 너무나 쉽게 하지만, 조그마한 어려움이라도 발생하면 극복하지 못해 중도에 주저앉는 단점이다. 이로 인한 정신적인 스트레스가 쌓여 세상만사 모두가 귀찮아진다. 이에 포기하지 말고 끈질긴 성격을 길러 극복하자.

얼굴점을 보면 사람을 알수가 있다

 남자는 문학적으로 센스가 풍부하지만 집중력이 부족해 자신의 재주를 썩히는 경향이 많다. 자신의 분수를 생각하지 않고 스스로 잘난 맛에 윗사람을 경시하는 나쁜 버릇이 있다. 성격이 온화하거나 따뜻하지 못해 원만한 인간관계가 부족하여 사람들과 마찰이 심하고 후배들에게도 환영받지 못한다.

얼굴점을 보면 사람을 알수가 있다

여자는 매사 일이 꼬여 실망의 나날을 보낸다. 이에 실망하지 말고 자신의 냉정한 성격을 십분 살려 풀리지 않는 매듭을 하나하나 풀어나가면 된다. 머리가 복잡하면 사랑하는 사람이나 선배나 친한 사람을 만나 머리를 식히는 것도 좋다. 그러면 자신도 모르게 해결의 실마리를 찾을 수 있다.

얼굴점을 보면 사람을 알수가 있다

 남자는 선천적으로 재운을 타고나 잘살게 되고 여자는 남편의 복이 있어 원만한 가정생활을 영위해나간다. 남자는 사회적으로 사교성이 뛰어나 대인관계가 원만하여 주변에 많은 사람들이 모여든다. 성격이 깔끔해 스스로 노력한 만큼만 취하고 횡재를 바라지 않는다. 직업으로는 월급쟁이가 적당하다.

얼굴점을 보면 사람을 알수가 있다

여자는 뛰어난 사교성을 발휘해 중요한 사람들과의 끈끈한 관계를 유지한다. 더구나 공과 사의 구분이 분명해 실수가 적다. 까칠한 성격을 지니고 있어 접근하기가 어렵지만 일단 마음을 열었다하면 아낌없이 대해준다. 항상 꾸미지 않고 있는 그대로를 보여주기를 좋아하는 정직함도 있다.

얼굴점을 보면 사람을 알수가 있다

남자는 조상 때부터 청백리로 이어지는 가문이라 청렴하고 정직한 성격의 소유자다. 성격이 칼 같아 이권이 있고 없고 간에 정확한 판단을 한다. 만약 뜻하지 횡재가 찾아와도 결코 취하지 않는 강직함이 있다. 무슨 일이건 원리원칙을 고수하기 때문에 접근하기 어려운 인물이다.

얼굴점을 보면 사람을 알수가 있다

여자는 복스런 얼굴에 금전운이 있기 때문에 항상 돈이
따라 붙는다. 우직함이 있어 무슨 일이든지 끝까지 최선
을 하는 타입이다. 싹싹하고 붙임성 있는 성격으로 귀인
들의 도움을 많이 받는다. 그러나 금전 곁에는 그만큼 나
쁜 기운이 함께 따라붙기 때문에 항상 조심해야 한다.

얼굴점을 보면 사람을 알수가 있다

 남자는 낙천적인 기질을 가지고 있어 어떤 일을 하건 급하게 서둘지 않고 차분하게 기다리는 인물이다. 더구나 자신의 노력으로 들어온 돈은 바깥으로 새어나가지 않게 꼬박꼬박 저축한다. 집안 식구들 모두가 검소해 타의 모범이 되기도 하면 하는 일마다 모두 이뤄지는 운수다.

얼굴점을 보면 사람을 알수가 있다

여자는 공부밖에 모르기 때문에 사회생활에서의 적응력
이 약하다. 그렇지만 학자로서 성공해 명예와 권세를 얻
음과 동시에 귀인들의 도움으로 이름을 크게 떨친다. 늦
게 결혼을 하지만 자식복은 없다. 금전복도 있는데 이것
은 남편의 운이 도와주기 때문에 얻어지는 것이다.

얼굴점을 보면 사람을 알수가 있다

 남자는 재복이 없어 재산이 모이지 않으며 어쩌다가 돈이 들어와도 나가기가 바쁘다. 더구나 좋은 옷과 구두와 멋진 자동차를 타고 다니는 멋쟁이지만 겉만 번지르르하고 속이 빈 깡통인생일 수밖에 없다. 그렇지만 선천적으로 유머와 위트로 인해 많은 사람들에게 인기를 얻는다.

얼굴점을 보면 사람을 알수가 있다

여자는 마음씨가 너무 착하고 정직하지만 타인에 대한 적개심이 너무 높다. 또한 내실 있는 실력과 자신의 지적인 외모 덕분에 주변에 남자들이 많지만 눈길 한번 주지 않을 정도로 콧대가 하늘을 찌른다. 그렇지만 막상 마음을 열고 사귈 수 있는 남자가 없다는 것이 안타까울 뿐이다.

얼굴점을 보면 사람을 알수가 있다

남자는 정직한 마음과 함께 수학적으로 두뇌가 발달해 계산과 연관된 직업에 종사하면 좋다. 하지만 보기와는 달리 평범한 성격이 아닌 고집이 센 외골수다. 그렇다고 끝까지 자기주장만을 우기는 것이 아니라 합리적인 타협도 볼 줄 아는 인물이다. 항상 새로운 것을 추구하는 스타일이다.

얼굴점을 보면 사람을 알수가 있다

 여자는 진지함을 갖춘 포근한 이미지로 남자들에게 인기
가 높다. 하지만 가냘픈 여자이라고 얕보다간 큰 코를 다
칠 수가 있다. 원만한 관계일수록 격식을 따지기 때문에
쉽게 접근하기가 어려운 상대다. 금전운이 없어 돈이 따
르지 않는 것이 흠이다.

얼굴점을 보면 사람을 알수가 있다

남자는 솔직 담백한 성격에 추진력이 있다. 어떤 일을 추진할 때 돌다리도 몇 수십 번 두들기며 건너 갈 정도로 만사에 조심성이 있다. 그렇지만 어려움 부딪치면 빨리 결정을 내리지 못하는 우유부단한 단점도 있다. 그렇지만 눈치가 빨라 타인의 기분을 알아차리고 대처하는 능력이 뛰어나다.

얼굴점을 보면 사람을 알수가 있다

여자는 온화하고 부드러운 오리지널 여자다운 성격을 지니고 있다. 남자들에게 인기를 끄는 요조숙녀 형이지만 남의 밑에 복속되거나 속박되기를 거절하는 여장부다. 하지만 변덕이 심해 꾸준함이 부족하고 항상 새로운 것을 찾는다. 그래서 끝까지 추진하는 일이 없다.

얼굴점을 보면 사람을 알수가 있다

　남자는 남의 마음을 읽을 줄 하는 예지능력이 있다. 성격은 주변에 요란한 천둥번개가 내려쳐도 눈 하나 깜박거리지 않는 대담함을 가지고 있다. 예의범절이 완벽하게 갖춰져 감히 접근하기가 겁난다. 더구나 자신이 모시고 있는 주군의 마음을 미리 읽어 대처하는 노하우로 인정을 받는다.

얼굴점을 보면 사람을 알수가 있다

 여자는 웃을 때 웃음소리가 없는 조용한 이미지의 대명사다. 그러나 사람의 마음을 알 수 있는 얼굴의 표정변화가 없을 정도로 속내를 드러내지 않는다. 언행이 직선적이면서 남에게 지지 않는 끈기와 리더십이 강하며 한번 일에 매달리면 이것을 위해 정진하는 외골수적인 면도 약간 있다.

얼굴점을 보면 사람을 알수가 있다

남자는 어떤 어려운 일이 닥쳐도 얼굴표정하나 바뀌지 않고 굳세게 참아내는 강한 인내심을 가지고 있으며 노력하는 타입이다. 여자의 마음을 잘 헤아려 서비스를 완벽하게 한다. 남자의 대표적인 기질인 우직함과 듬직함으로 지켜내는 의리로 귀인들이 주변에 많다. 다만 행동이 느린 것이 흠이다.

얼굴점을 보면 사람을 알수가 있다

 여자는 매력적으로 보이지만 병에 걸려있거나 선천적으로 몸이 약하다. 하지만 재치가 있으며 성격이 교활하다. 차분한 성격이지만 자신보다 잘난 사람을 보면 항상 비뚤게 보는 단점이 있다. 활동적이지는 않지만 손재주가 뛰어나다. 직업은 자수, 꽃꽂이, 피아니스트 등이 좋다.

얼굴점을 보면 사람을 알수가 있다

남자는 사물 하나라도 놓치지 않고 관찰하는 세심하고 섬세한 기질을 지니고 있다. 더구나 무생물과도 대화를 할 수 있다고 장담하는 전형적인 이상학파다. 어떤 일이 발생하더라도 절대 당황하거나 서둘지 않고 차분하게 해결하는 여유가 있다. 그러나 너무 게으른 것이 단점이다.

얼굴점을 보면 사람을 알수가 있다

 여자는 인도주의적인 마음이 강한지만 감정의 기복이 심하고 마음이 급하다. 그래서 일을 시작하기 전 너무 서둘러 실패할 확률이 많다. 또한 한 가지 일에 매달리는 성격이 아니라 이것저것 손을 뻗친다. 더구나 생각이 한쪽으로 치우쳐져 있어 자신을 신뢰하는 사람에겐 아낌없는 사랑을 준다.

얼굴점을 보면 사람을 알수가 있다

  남자는 자신만을 생각하는 철저한 이기주의자다. 따라서 자신을 무시하거나 신뢰하지 않는 사람에겐 미움의 표시를 사정없이 던진다. 더구나 화해와 타협의 여지도 없기 때문에 그에게 접근하면 할수록 경계심만 강하게 할 뿐이다. 이권 개입이 있다면 친한 친구도 배신하는 타입이다.

얼굴점을 보면 사람을 알수가 있다

 여자는 남의 불행을 자신의 불행처럼 생각해 조용히 뒤에서 도와주는 천사다. 더구나 어떤 조직이나 단체에 구속받기를 싫어한다. 또한 온순함과 부드러움을 동시에 가지고 있는 담백하고 솔직한 인물로 마음이 매우 넓어 주위에 사람들이 들끓는다.

얼굴점을 보면 사람을 알수가 있다

 남자는 모든 사람에게 매너가 좋으며 절대로 남을 비방하지 않는다. 설령 자신에게 해로운 말을 하는 사람일지라도 넓은 마음으로 이해하고 포용한다. 인내심이 강해 어려운 일에 부딪쳐도 쉽게 포기하지 않지만 복잡하게 얽히면 중도에 포기하는 단점을 가지고 있다. 한마디로 끈질긴 맛이 없다.

얼굴점을 보면 사람을 알수가 있다

여자는 온화한 성품으로 겉으로 보기엔 우유부단하게 보인다. 하지만 깔끔한 외모와 겸손으로 자신의 본분을 지켜낸다. 내성격보다 외성격이 강해 함부로 나서서 설쳐대는 인물이 아니기 때문에 직장생활과는 거리가 멀다. 결혼하면 남편이 어려울 때 옆에서 토닥거려주는 모성애도 있다.

얼굴점을 보면 사람을 알수가 있다

　남자는 솔직하게 자신의 마음을 화끈하게 보여주지 못하는 내성적이며 너무 조용하다. 따라서 항상 밝게 사는 것이 사회생활에서 유리하다. 이미지가 깔끔하고 거짓이 없으며 성격이 순박하고 깨끗해 상사의 명령에 대해 반발하거나 반항하지 않는 예스맨 타입이다.

얼굴점을 보면 사람을 알수가 있다

 여자는 시원시원한 남자 같은 스타일로 복속되거나 속박되기를 싫어한다. 더구나 변덕이 심하지 않기 때문에 한 가지 일에 매달려 끝장을 본다. 또한 언행이 직설적이면서 남에게 지지 않는 끈기와 리더십이 강하며 어려운 일이 닥치면 원만하게 타협을 할 줄 아는 매너도 가지고 있다.

얼굴점을 보면 사람을 알수가 있다

남자는 달변가이며 웅변가적 기질이 강하다. 따라서 정치나 경제 쪽으로 출세한다. 그러나 체격이 외소하면 히스테리나 신경질적인 면이 강해 감정이 순식간에 폭발할 수도 있다. 그렇지만 이것이 순간적일 뿐이지 가슴에 담아 두지는 않는다. 남을 끌어들이는 포용력이 넓어 귀이들이 많다.

얼굴점을 보면 사람을 알수가 있다

여자는 매사 차분하고 조심성이 있어 어떤 일이건 꼼꼼하게 처리하는 일꾼으로 상사의 인기를 독차지 한다. 하지만 귀가 너무 얇아 남의 말을 잘 믿기 때문에 남에게 이용당하거나 손해를 많이 본다. 이것으로 인해 마음고생이 심해 건강을 해칠 염려가 있다. 기억력 또한 탁월하다.

얼굴점을 보면 사람을 알수가 있다

 남자는 원초적인 것을 고집하는 이상형의 인물로 매사 주어진 것에 대해 확신하고 또 확인하는 피곤한 인물이다. 즉 스케일이 큰 용머리보다 스케일이 작은 뱀 머리가 되어 자신의 영역을 키워나가겠다는 사고를 가지고 있다. 또 아무리 뛰어난 실력의 소유자라도 맞장 뜨고 싶어 하는 공격성이 있다.

얼굴점을 보면 사람을 알수가 있다

여자는 라이벌을 만났을 때 무조건 이기고 봐야한다는 프로의식이 강하다. 따라서 스스로 쌓은 자기관리능력이나 내공이 무척 강해 실력이 약간 모자라지만 쉽게 물러서지 않는다. 그렇지만 여자으로서의 매력을 모두 지니고 있어 남자들로부터 구애가 끊이지 않는 복을 타고났다.

얼굴점을 보면 사람을 알수가 있다

남자는 어떤 분위기라도 원만한 인간관계를 엮어내는 노하우가 있다. 또 동료나 선배를 막론하고 격식 없이 지내는 온화한 성격의 소유자다. 하지만 어떤 프로젝트를 시작했을 때 강한 리더십이나 책임감이 있지만 일의 진행을 밀어붙이는 적극성이나 과감성이 부족한 것이 단점이다.

얼굴점을 보면 사람을 알수가 있다

 여자는 어떤 일을 진행함에 있어서 자신의 감정에 따라 행동하기 때문에 실패할 확률이 높다. 그렇지만 섬세함으로 사물의 안팎을 파악할 수 있는 뛰어난 재능과 함께 일을 시작했다면 끝까지 밀어붙이는 끈기도 있다. 외모를 꾸미지 않는 자연미인으로서 남자들에게 인기를 누린다.

얼굴점을 보면 사람을 알수가 있다

　남자는 온화하고 마음씨가 너무 좋아 일을 시작하다가 누군가 새치기를 했을 때 자기주장을 내세우기보다 좋은 게 좋다는 식으로 스스로 물러나는 단점이 있다. 그렇지만 이권에 개입되었을 땐 쉽게 물불을 가리지 않고 끝까지 경쟁한다. 경쟁에서 지면 당당하게 물러서는 남아기질도 있다.

얼굴점을 보면 사람을 알수가 있다

　여자는 너무 자만심에 도취되어 제멋대로 살아가는 인물
이다. 하지만 이것으로 인해 일을 그르칠 수가 있기 때문
에 조심해야 한다. 두뇌회전이 뛰어나고 새로운 것을 만
드는 재능이 많다. 그러나 자신을 꾸미지 않는 습성으로
남자에 대한 흥미나 필요를 느끼지 못해 독신주의를 부르
짖는다.

얼굴점을 보면 사람을 알수가 있다

남자은' 항상 새로운 것을 향해 달리자' 를 앞세우며 미래를 향해 달리는 아이디어맨이다. 남다른 창작적인 감각을 타고 태어난 인물로 손재주가 뛰어나다. 타인과 함께 일하는 것보다 독자적으로 개발해 인정받기를 원한다. 마음이 좁고 옹졸하며 의심이 많아 쉽게 접근하지 못하는 스타일이다.

얼굴점을 보면 사람을 알수가 있다

여자는 스스로의 실력을 믿기 때문에 지위고하를 막론하고 자신만만하다. 그렇지만 타인의 의견을 무조건 무시하려는 경향이 있어 비판의 대상이 되기도 한다. 이런 관계로 인해 타인과의 사교성이 결여되는 듯하지만 뒤풀이를 잘하기 때문에 별 어려움은 없다. 원만한 성격을 소유하고 있다.

얼굴점을 보면 사람을 알수가 있다

 남자는 매우 활동적이지만 성미가 급하고 무엇이든지 시 작했다면 결과를 먼저 생각하기 때문에 일의 두서가 없는 것이 단점이다. 기질은 대범하고 의협심이 강하며 일의 시작에서 머뭇거림이 없는 적극적인 행동력을 보여준다. 또 아무리 어려운 일이 코앞에 닥쳐도 두려워하거나 서둘 지 않는다.

얼굴점을 보면 사람을 알수가 있다

여자는 매사 진취적으로 밀어붙이는 행동으로 우두머리 기질을 가지고 있다. 하지만 가끔 상사로부터 자신을 억누르려는 압력이 가해오면 화부터 내는 경솔함으로 미움을 받는다. 이런 사람은 직장생활하기가 어렵기 때문에 자영업이 적당하다. 이야기를 끝가지 듣는 습성을 길러야 한다.

얼굴점을 보면 사람을 알수가 있다

 남자는 자존심이 매우 강하기 때문에 아무리 어려워도 타인에게 손을 내밀지 않는 고집불통이며 청렴결백하다. 성격이 너무 꼬장꼬장하고 급해서 타인과의 타협을 하지 못해 직장생활에 회의를 느낀다. 특히 너무 솔직한 나머지 상대방의 눈치나 체면 등을 생각하지 않는다.

얼굴점을 보면 사람을 알수가 있다

여자는 고고함을 추구하는 이상주위자로 고집이 약간 묻어있다. 따라서 주변의 충고보다 스스로의 사고에 빠지는 경향이 짙다. 그렇다고 학자나 연구직에 맞는 성격은 아니다. 따라서 자신보다 먼저 주위를 배려할 줄 알아야 단점에서 벗어날 수가 있다. 성격은 차분하고 부드럽다.

얼굴점을 보면 사람을 알수가 있다

 남자는 주변 환경을 생각하지 않는 독선으로 인해 사람들로부터 비판의 대상이 된다. 그렇지만 주변의 조언자들로부터 도움을 받아 무난히 넘어간다. 또한 금전보다는 명예를 소중하게 생각하기 때문에 자신의 명예에 손상이 생기면 끝까지 회복하려고 한다. 따라서 재물이 붙지 않은 것은 당연하다.

얼굴점을 보면 사람을 알수가 있다

여자는 마음이 너무 솔직하고 착해 작거나 자질구레한 일에도 목숨을 건다. 성격은 화끈하고 남자처럼 시원시원해 자신이 한번 믿었다하면 초지일관한다. 책을 좋아한 나머지 많은 지식을 가지고 있지만 남을 배려하는 마음이 부족해 그것은 제대로 활용하지 못한다.

얼굴점을 보면 사람을 알수가 있다

 남자는 타인과의 원만한 교제를 하지 못하고 사회로부터 고립되어 고독한 삶을 산다. 그러나 사람을 한번 좋아한다면 자신의 모든 것을 버리는 한이 있어도 끝까지 보살펴주는 자상함도 있다. 이렇게 보면 귀인의 스타일 같기도 하고 저렇게 보면 인격수양이 부족한 안하무인격인 사람 같기도 하다.

얼굴점을 보면 사람을 알수가 있다

　여자는 남자처럼 시원하고 화끈한 성격으로 행동하기 때문에 누구에게나 여걸이라는 호칭을 듣는다. 가끔 예지능력이 발동되어 주변사람들을 놀라게 하는 경우도 있다. 무쇠보다 더 단단하고 강한 인내심을 가지고 있기 때문에 자신을 밟고 올라서려는 사람들에겐 한 치의 양보도 하지 않는다.

얼굴점을 보면 사람을 알수가 있다

 남자는 성격이 곧고 끈기가 있어 한번 마음을 다잡으면 상황판단이 빨라 어떤 어려운 일이라도 일사천리로 진행한다. 더구나 마무리도 깔끔하게 처리하기 때문에 상사로부터 인정을 받는다. 따라서 자영업보다 회사에 취직하는 것이 출세가 빨라 높은 지위까지 올라간다.

얼굴점을 보면 사람을 알수가 있다

여자는 누구에게나 의지하려는 마음보다 자부심과 자기 신념이 강해 주어진 문제를 스스로 해결한다. 이 때문에 이기적인 인물이라고 혹평하는 사람도 있지만 의리에 죽고 의리에 사는 여장부 타입이다. 호탕하고 시원스런 성격으로 친구들의 궂은일에도 앞장서기 때문에 인기가 높다.

얼굴점을 보면 사람을 알수가 있다

남자는 후덕한 이미지와 깔끔한 외모 덕분에 인덕이 있어 조언을 구할 수 있는 동료나 선배들이 많다. 그러나 자신을 나타낼 수 있는 뚜렷한 색깔이 없으며 보기와는 달리 의심이 많다. 어느 정도 성공했다고 판단이 되면 확실하게 챙기는 나쁜 버릇이 있다. 이중적인 성격을 지니고 있다.

얼굴점을 보면 사람을 알수가 있다

여자는 잠시라도 가만있지 못하고 무언가를 생각하거나 만들어내는 학구파다. 호기심도 많아서 항상 남들보다 한발 앞서서 행동하는 순발력도 있다. 그렇지만 너무 앞서가는 바람에 문제가 발생되어 동료들로부터 시기나 질투심을 받는다. 매사에 완벽함을 추구하여 빈틈이 없는 성격이다.

얼굴점을 보면 사람을 알수가 있다

 남자는 어떤 일에 골몰하게 되면 그것에 푹 빠져버리는 기질이 있다. 자존심이 강하고 자아가 투철하다. 행동이 빠릿빠릿한 외모와는 달리 게으름뱅이 스타일이다. 따라서 일하기 싫어하고 놀고먹기를 좋아한다. 식복이 있어 평생 의식주에 대한 걱정이 없으며 대체적으로 좋은 운수를 가지고 있다.

얼굴점을 보면 사람을 알수가 있다

여자는 특별히 튀거나 뛰어나지 않고 세상이 흘러가는
대로 따라가는 평범한 인물이다. 따라서 사회활동에서
무모한 모험이나 상식에 어긋나는 행동을 하지 않고 성실
하게 생활하기 때문에 조용하다. 특히 사업운이 좋지 않
아 독자적인 사업이나 여러 사람과의 동업을 했을 땐 백
전백패한다.

얼굴점을 보면 사람을 알수가 있다

 남자는 교육적이고 원칙을 고집하는 인물이다. 출세를 위해 타인을 제치고 앞지르려는 과감한 사고나 행동이 부족하다. 즉 경쟁을 함에 있어서 자신감이 없기 때문에 그저 그런 생각으로 타인과 보조만 맞추고 싸우려하지 않는다. 그렇지만 풍부한 상식과 재능을 갖추고 있는 재원이다.

얼굴점을 보면 사람을 알수가 있다

여자는 예민한 성격으로 상상력이 뛰어난 예술적인 감각과 사교적인 면이 있어 인맥이 튼튼하다. 어려운 문제에 봉착했을 때 동분서주하지 않고 차분하고 냉철한 마음으로 깔끔하게 해결한다. 따라서 주변에 귀인들이 많으며 이들의 문제도 발 벗고 나서서 도와주는 정의파다.

얼굴점을 보면 사람을 알수가 있다

남자는 재복이 없기 때문에 재산이 쌓이지 않지만 금전에 대한 걱정은 없다. 섬세하고 부드러운 여자적인 기질을 소유하고 있으며 사고력이 무척 깊다. 가볍거나 무거운 다툼이나 논쟁이 있을 때 쉽게 생각하지 않고 신중하게 판단하는 스타일이다.

얼굴점을 보면 사람을 알수가 있다

여자는 천방지축이며 상사의 명령과 지시에 대답만 해놓고 자기 멋대로 업무를 처리한다. 자신의 잘못이 있는데도 불구하고 단 한마디도 이에 대한 사과나 시인을 하지 않는 고집불통이다. 금전이 부족해 당장 굶어죽는 경우가 닥쳐도 타인에게 절대로 내색하지 않는 강한 자존심을 가지고 있다.

얼굴점을 보면 사람을 알수가 있다

 남자는 상대방에 대한 분위기 파악이 빨라 조정자 역할을 거뜬하게 해낸다. 이로써 주변의 많은 사람들로부터 신뢰를 얻지만 한편으론 자신을 너무 감추기 때문에 믿을 수 없는 사람으로 분류된다. 또한 다툼과 언쟁에 대한 원인에 너무 치우쳐 분명한 판단을 내리지 못하고 망설이는 단점이 있다.

얼굴점을 보면 사람을 알수가 있다

여자는 성격이 외유내강하며 덤벙대지 않고 차분함을 가지고 있다. 또한 장기적인 프로젝트를 끝까지 소화해내기 때문에 상사로부터 인정을 받는다. 또한 허영심이 있어 돈의 씀씀이가 많은 것이 흠이다. 특히 귀가 얇아 남의 말에 솔깃하여 많은 일을 벌이지만 결국 수습하지 못해 우왕좌왕한다.

얼굴점을 보면 사람을 알수가 있다

남자는 여자적인 기질을 가지고 있기 때문에 자기의 힘
보다 이성의 조력이나 애정에 의해 개운하는 운수다. 성
격도 자극적이지 않으며 남에게 의지하거나 성장 후에도
부모에게 의탁하는 신세가 된다. 마음이 약하고 감수성
이 풍부해 예술방면으로 뛰어난 기질을 가지고 있다.

얼굴점을 보면 사람을 알수가 있다

여자는 배타적인 성격을 자제할 수만 있다면 여자지도자로써 성공할 운이다. 의지가 굳고 지배욕이 강해 투지가 돋보이지만 단점으로는 고집이 세다. 특히 자신의 주장을 내세우고 자기 멋대로 일처리를 하기 때문에 사회적으로는 대인관계가 원만하지 못하고 다투기를 잘한다.

얼굴점을 보면 사람을 알수가 있다

　남자는 어떤 일이든지 소극적이고 적극성이 결여되어 실천력이 약해 사람들에게 믿음을 주지 못한다. 그렇지만 관대함과 이기적인 냉정함을 겸비하고 있는 이중적인 인물이다. 더구나 귀가 얇아서 사람들의 감언이설에 속아 사기를 당해 심적인 타격을 입어 건강을 해친다.

얼굴점을 보면 사람을 알수가 있다

여자는 항상 불안한 기운이 존재하며 남에게 지배당하기
싫어하고 독자적으로 밀어붙이는 면이 있다. 따라서 자
신보다 강한 사람이나 잘난 사람을 보면 질투심이 발동해
신경질적으로 변한다. 부모와의 인연은 박하지만 학문과
예능에 재능이 있다.

얼굴점을 보면 사람을 알수가 있다

　남자는 모처럼 찾아오는 순간의 찬스를 놓치기 때문에 큰 오더와는 인연이 없다. 인정을 중요시하고 약간 소극적인 면이 있지만 점차 적극적인 활동으로 변하기 때문에 신용이나 명예 면에서 두각을 나타낸다. 사회적으론 매우 민감하고 결단력이 있는 처세로 상사나 윗사람들에게 사랑받는다.

얼굴점을 보면 사람을 알수가 있다

여자는 겉과 속이 다르며, 자신의 이익을 위해서라면 가까운 친구도 배신한다. 또한 애정이 부족하고 적극적이지 않으며 상대의 애정만을 요구한다. 스스로 운명을 개척하려는 마음이 결여되어 있다. 남편의 운이 없으며 재혼하거나 배우자를 잘못 만나 평생을 고독하게 보내는 과부상이다.

얼굴점을 보면 사람을 알수가 있다

 남자는 걱정하나 없는 태평한 성격과 쾌활한 성격을 동시에 소유하고 있기 때문에 주변사람들에게 친절하고, 다툼이 있어도 자연스럽게 화합하는 인물이다. 겉으로 보기엔 어딘가 어리석고 생각 없는 사람처럼 보이지만 속으론 자기 실속을 생각하는 실리주의자이다. 베푼 만큼 받는다.

얼굴점을 보면 사람을 알수가 있다

여자는 발전이나 후퇴 없이 오늘만 무사히 만을 외치는 무사안일 주의자다. 따라서 집안이나 직장에서 게으르기 때문에 주변사람들의 입방아에 오르내리기도 한다. 옛말에 '게으르면 먹을 것도 덜 생긴다.'는 말이 있듯이 자신에게 주어진 행운도 놓치는 스타일이다. 부지런해야 성공한다.

얼굴점을 보면 사람을 알수가 있다

남자는 낙천적인 기질이 있지만 한편으론 이권이나 이재에 밝아 경제적으로 부를 쌓는다. 쌓인 부를 혼자 배불리 먹지 않고 불우한 이웃을 위해 남몰래 도와주는 복지가다. 또한 부모에게 효도하고 형제간의 우애가 돈독해 타의 부러움을 받는다. 막상 본인이 어려움에 처하면 도움을 받지 못한다.

얼굴점을 보면 사람을 알수가 있다

 여자는 세상살이의 모든 것이 귀찮아 자신을 꾸미지도 않기 때문에 변변한 남자친구 하나 없다. 성격은 우유부단하고 활동이 더디고 외견상 감정의 표현이 전혀 없다. 아무리 좋은 직장이나 좋은 선물이 들어와도 거들떠보지도 않는다. 오직 자신에게 중요한 것은 심신의 편안함 뿐이다.

얼굴점을 보면 사람을 알수가 있다

남자는 성격이 날카로워 매사를 그냥 지나치지 않으며 성미가 너무 격하기 때문에 지레짐작으로 판단해 엉뚱한 짓을 가끔 저지른다. 눈썹 꼬리 쪽에 점이 붙어있다면 이상적인 상으로 직감력이 잘 맞아 떨어진. 정신적이나 철학적이며 행동보다 생각을 많이 한다. 전문직업을 가지는 것이 좋다.

얼굴점을 보면 사람을 알수가 있다

여자는 신경이 예민해 과민반응을 보일 정도로 히스테리가 심하다. 평범한 일임에도 불구하고 자신의 생각과 일치하지 않는 질문을 받았을 때 상대를 공격하는 거친 행동을 보이기도 한다. 그렇지만 본심은 선하기 때문에 가끔 자신의 엉뚱한 오브액션에 대해 반성을 하기도 한다.

얼굴점을 보면 사람을 알수가 있다

 남자는 스케일이 작아 타인을 리드하는 지도자로선 부적
당하다. 또한 마음먹은 일을 전후의 분간 없이 행하기 때
문에 문제가 발생했을 때 해결하지 못하는 단점이 있다.
그리고 형제의 사이도 좋지 않아 사업상 어려움을 당해도
도움을 받지 못한다. 느긋한 성격으로 바꾸지 않으면 안
된다.

얼굴점을 보면 사람을 알수가 있다

 여자는 화장을 싫어해 맨얼굴을 선호하지만 패션에 대해
선 프로급 못지않은 실력을 지니고 있으며 흑백을 좋아한
다. 즉 극과 극을 좋아하는 타입이기 때문에 민감함과 둔
함을 동시에 가지고 있어 주변사람이 감을 잡지 못한다.
그렇지만 당당한 모습에서 자신이 한층 더 빛난다.

얼굴점을 보면 사람을 알수가 있다

 남자는 성실하고 꾸밈이 없는 성격으로 원만한 대인관계로 인해 많은 사람들은 수하에 둔다. 그렇지만 기질이 급해 자칫 상대에게 말실수가 있을 수 있어 조심해야한다. 더구나 귀인의 도움으로 이름을 떨치지만 인내가 부족해 화를 당할 수가 있다. 세상은 공짜가 없기 때문에 베풀어야 한다.

얼굴점을 보면 사람을 알수가 있다

여자는 적극적이지 못하고 소극적인 면이 강해 사회활동에서 적응하지 못한다. 그렇지만 자신의 노력으로 얻은 성격개조 덕분에 활동의 기반을 다져 성공가도를 달린다. 그러나 회사의 상하관계에 대한 부조화를 깨뜨리지 못하는 아쉬움이 있다. 열심히 노력하면 모든 것이 이뤄진다.

얼굴점을 보면 사람을 알수가 있다

남자는 매사 꼼꼼하고 성실하며 성공을 위해 열심히 노력하는 형이다. 따라서 주어진 일에 대한 책임감이 강하여 군더더기 없이 완벽하게 마무리 짓는 성격의 소유자다. 그러나 서두르는 면이 있기 때문에 차분하게 대처하지 않으면 낭패를 볼 수 있다. 또한 남에게 먼저 구하는 것이 아니라 자신이 먼저 베푸는 처세로 말미암아 상사나 부하들에게 신임을 얻는다.

얼굴점을 보면 사람을 알수가 있다

여자는 싹싹하고 붙임성이 있으며 원만한 유대관계로 모든 사람에게 사랑을 받는다. 더구나 아랫사람들의 언니로서 부족한 점을 낱낱이 지적해주고 바람막이가 되는 타입이다. 그러나 모성애가 너무 강한 나머지 자신의 말을 따라주지 않으면 핀잔을 주는 단점도 있다.

얼굴점을 보면 사람을 알수가 있다

 남자는 호탕한 기질에 매우 활동적이라서 사회에 진출하면 원만한 대인관계로 자신의 입지를 굳힌다. 그러나 한 자리에 오랫동안 머물지 못해 가볍다는 말을 듣는다. 더구나 회의를 할 때 발표력이 약하고 머뭇거리는 경향이 있다. 완벽한 회의 자료를 만들어 자신 있게 발표하는 것이 중요하다.

얼굴점을 보면 사람을 알수가 있다

여자는 소박하고 착실한 이미지와 더불어 주어진 업무처리 능력이 매우 빠르다. 즉 한마디를 말하면 열 마디를 알아듣는 두뇌의 소유자다. 그러나 체력적으로 허약한 나머지 장기적인 업무에 대해선 타인의 도움이 필요하다. 또한 창의력이 부족해 단독적인 업무처리가 미숙한 편이다.

얼굴점을 보면 사람을 알수가 있다

남자는 소극적이긴 하지만 일에 대해서는 정확하게 처리함으로써 상사로부터 인정을 받는다. 덤벙대지 않고 차분한 성격으로 실패에 대한 확률을 줄이지만 행동이 느리고 게으른 편이다. 더구나 신체가 외소하고 건강하지 못한 것이 단점이다. 창작성이 돋보여 앞서기 때문에 시기를 받는다.

얼굴점을 보면 사람을 알수가 있다

여자는 신경질적이고 까칠한 성격으로 대인관계가 원만하지 못해 다툼이 잦다. 따라서 자신이 어려웠을 때 주변에 도와주는 사람이 없어 쓸쓸하다. 더구나 활동적이지 못하고 혼자 있기를 좋아해 부모형제간의 우애가 돈독하지 못하다. 항상 자신의 마음을 활짝 열어 포용하는 능력을 길러야 한다.

얼굴점을 보면 사람을 알수가 있다

　남자는 허약한 체격과 소심하고 예민한 성격으로 스스로 에게 스트레스를 받아 신경과민에 시달린다. 더구나 명 석하지 못한 두뇌와 괜히 따돌림을 받고 있다는 오해로 인해 항상 자신도 모르게 우울증에 시달린다. 이것을 탈 피하기 위해 교묘한 모사가 발달되어 안타깝게도 본연의 자세를 잃는다.

얼굴점을 보면 사람을 알수가 있다

여자는 깐깐하고 빈틈없는 성격의 소유자로 자신의 이익을 위해서는 어느 누구와도 유대관계를 가진다. 그러나 한두 번의 만남에서 이익이 없다면 대인관계 끝내버리는 나쁜 버릇이 있다. 따라서 정작 본인이 어려움을 당했을 때 도움을 받지 못한다. 세상은 주고받는 것이 원칙임을 명심해야 한다.

얼굴점을 보면 사람을 알수가 있다

남자는 천성적으로 부드럽고 인자한 기질을 갖고 태어났다. 따라서 보통사람보다 세상의 옳고 그는 이치를 판단할 수 있는 능력이 뛰어나기 때문에 주변에 식객들이 들끓는다. 더구나 식객들 중에는 어려운 일이 닥쳤을 때 도움을 주는 사람들이 많다. 건강은 호흡기 질환에 주의해야 한다.

얼굴점을 보면 사람을 알수가 있다

 여자는 발랄하고 쾌활한 기질로 원만한 대인관계를 이뤄 사회적으로 성공한다. 그러나 나이에 비해 너무 일찍 출세하기 때문에 자신에 대한 과시욕이 강하다. 따라서 남을 경시하는 바람에 사람들이 떠나다. 이로 인해 스트레스 받아 정신적인 질환에 시달린다. 초지일관해야 지속할 수가 있다.

얼굴점을 보면 사람을 알수가 있다

 남자는 어떤 일을 시작했을 때 급하게 얼렁뚱땅 서두르기 때문에 실패할 확률이 높다. 더구나 일이 꼬이면 차근차근 풀어나가는 차분함과 인내심이 부족해 스스로 자멸할 수도 있다. 이런 시기에 가장 친한 친구나 귀인이 나타나 조언함으로써 위기에서 탈출한다. 일의 시작 전 사전 점검이 필요하다.

얼굴점을 보면 사람을 알수가 있다

　여자는 혼자서 자랐기 때문에 이기적인 기질이 있지만 사회생활을 함으로써 부드럽고 화사한 성격으로 바뀐다. 더구나 원천적으로 지적인 이미지를 지니고 있어 많은 동료들에게 인기가 높다. 하지만 정작 자신이 좋아하는 사람에겐 전혀 호감을 받지 못한다. 허약한 체질을 개선하는 것이 좋다.

얼굴점을 보면 사람을 알수가 있다

남자는 강건한 체력을 바탕으로 쾌활하고 활동적인 성격과 바른생활로 사람들에게 호감을 얻는다. 따라서 사회적인 기반을 다지고 출세가도를 달려 승승장구한다. 하지만 부잣집에서 자란 탓에 동료나 부하직원들의 맘을 헤아리지 못해 비난을 받는다. 특히 구설수에 올라 최고까지는 미치지 못한다.

얼굴점을 보면 사람을 알수가 있다

여자는 새침데기에 가만있지 못하고 하루 종일 말을 해
야만 직성이 풀리는 수다쟁이다. 더구나 질투심이 강하
고 타인의 흠담을 이리저리 옮기기 때문에 시한폭탄이나
다름없다. 따라서 모든 사람들이 싫어해 고독할 수밖에
없다. 남을 배려하는 마음이 있어야 고독을 면할 수가 있
다.

얼굴점을 보면 사람을 알수가 있다

남자는 빈틈없고 깐깐한 성격으로 인해 이미지가 무척 차갑게 보인다. 그렇지만 섬세하고 고운 성격을 지니고 있어 한번 사귀었다면 끝까지 의리를 지키는 남아의 기질이 있다. 그러나 대인간계가 원만하질 못해 사회생활의 적응이 느려 크게 출세하지는 못한다. 편안한 이미지 관리가 시급하다.

얼굴점을 보면 사람을 알수가 있다

 여자는 항상 명랑하고 장난기가 있으며 항상 재미있고 즐거운 표정의 스마일 왕이다. 또한 섬세하고 꼼꼼한 성격을 가지고 있어 업무처리능력도 뛰어나다. 그렇지만 주변에 남자친구가 많은 것 같지만 전혀 딴판이다. 그 이유는 여자로서 적당하게 자신의 비밀을 지키지 못하기 때문이다.

얼굴점을 보면 사람을 알수가 있다

 남자는 무슨 일을 하건 자신의 단점을 철저하게 숨기기 때문에 도무지 알 수 없는 인물이다. 그렇지만 자신이 상사가 되었을 땐 아랫사람의 비밀을 알려고 하기 때문에 인기를 얻지 못한다. 더구나 성격이 옹졸하기 짝이 없어 항상 외롭다. 따라서 신경계통의 질환에 조심하고 마음을 열어야 한다.

얼굴점을 보면 사람을 알수가 있다

여자는 명석한 두뇌를 가지고 있지만 성격이 산만해 맡은 일을 제대로 끝내질 못한다. 말이 없고 언행도 일치하지만 단점으로는 자신만을 챙기는 이기적인 심성을 가지고 있다. 즉 한 가지 일에 집중하는 능력을 기른다면 출세와 돈을 벌 수 있다. 건강은 잔머리로 인해 두통이 있어 주의해야 한다.

얼굴점을 보면 사람을 알수가 있다

남자는 남자다운 품위와 기풍이 있고 뼈대가 있는 집안 출신이라 예의범절이 으뜸이다. 또한 상하관계에 있어서 가교역할을 완벽하게 처리하기 때문에 존경을 한 몸에 받는다. 더구나 경쟁에서도 정정당당하게 맞서서 승리하여 높은 지위까지 올라간다. 부와 명예가 한꺼번에 몰려온다.

얼굴점을 보면 사람을 알수가 있다

여자는 굳세고 자존심이 강해 지배받기를 싫어하는 대신 자신이 실력을 인정받기를 원한다. 더구나 외골수적인 기질로 인간관계가 원만하지 못해 출세와는 거리가 멀다. 남자친구와는 사이가 좋아 결혼에 무난히 골인한다. 항상 자신을 낮추고 상대를 대하는 것이 사회생활에 유리하다.

얼굴점을 보면 사람을 알수가 있다

  남자는 불의에 참지 못하는 의협심이 있지만 신체적이나 마음이 약해 공상으로만 끝난다. 더구나 속이 좁은 탓에 매사 소극적이고 친절함이 부족해 불평불만만 늘어놓는다. 따라서 주변의 사람들이 점차적으로 멀어져 항상 혼자만 존재한다. 외성격으로 바꾸어야 출세할 수가 있다.

얼굴점을 보면 사람을 알수가 있다

여자는 극과 극을 나누는 확실한 이분법적인 태도를 지니고 있어 회사에서도 문제아로 통한다. 더구나 사람을 만날 때 미리 선을 그어놓기 때문에 화합이나 타협이란 도저히 이뤄질 수가 없다. 불같은 성격으로 인해 다툼이 잦다. 타인을 포용할 수 있는 원만한 대인관계가 있어야 하겠다.

얼굴점을 보면 사람을 알수가 있다

　남자는 모험과 탐험심이 매우 강하기 때문에 항상 어떤 일이건 호기심을 가진다. 솔직담백하고 털털한 성격에 스케일이 크지만 일을 추진함에 있어 두서가 없는 것이 단점이다. 그러나 융통성을 발휘해 일을 마무리하기 때문에 사람들로부터 신뢰를 얻는다. 술을 좋아하며 건강을 위해 금주해야 한다.

얼굴점을 보면 사람을 알수가 있다

여자는 선천적으로 온순하고 착한 마음을 가지고 태어난 맏며느리 감 타입이다. 세상의 흐름에 순리적으로 대응하듯 매사 열심히 노력하면서 성장해 나간다. 오늘 할일을 내일로 미루지 않는 성격으로 인정받는다. 그러나 세상에 독불장군이 없듯이 주변동료와 보조를 맞춰야 탈이 없다.

얼굴점을 보면 사람을 알수가 있다

남자는 독립심과 근면함을 비롯해 추진력과 명석한 두뇌 등을 갖추고 있지만 금전운이 없는 것이 단점이다. 활달하고 명랑한 성격을 지니고 있어 대인관계가 원만해 주변에 귀인들이 많다. 귀인들의 도움으로 사업을 시작해 대성하는 길운이다. 무병장수하지만 스트레스에 조심해야 된다.

얼굴점을 보면 사람을 알수가 있다

여자는 외성격인데 가사를 돌보며 스트레스를 받는 것보다 사회활동으로 자신의 꿈을 펼쳐야 한다. 희생정신이 강해 봉사활동을 통해 자신의 넘치는 에너지를 바친다. 재물운은 좋지만 허영심이 강해 돈이 쌓이지 않는 것이 흠이다. 건강은 원활한 신진대사를 위해 항상 발을 따뜻하게 해야 한다.

얼굴점을 보면 사람을 알수가 있다

 남자는 신체적으로는 허약하지만 두뇌가 명석해 잔머리를 많이 굴리는 스타일이다. 따라서 자기 꾀에 자기가 넘어가기 때문에 일의 성공을 기대할 수가 없다. 더구나 얄팍한 지식을 앞세워 말이 앞서는 바람에 신뢰를 잃으며, 재물운까지 없어서 더더욱 초라하게 보인다. 대체로 건강해 장수한다.

얼굴점을 보면 사람을 알수가 있다

여자는 부족한 적극성으로 인해 어떤 일을 하건 소극적으로 처리하기 때문에 성공할 확률이 매우 낮다. 그렇지만 자존심이 강해 자신의 잘못을 생각하지 않고 오직 남의 탓으로 돌리는 나쁜 버릇이 있다. 더구나 대인관계가 좋지 않아 자신을 도와줄 사람이 전혀 없어 마음고생이 심하다.

얼굴점을 보면 사람을 알수가 있다

남자는 자신의 실력을 너무 믿기 때문에 누구에게도 지기를 싫어하는 외골수다. 더구나 자신의 잘못된 부분을 선배나 동료가 나서서 지적해주지만 절대로 받아들이지 않고 도리어 화를 낸다. 따라서 건방지다는 소리를 많이 들으며 타협이나 융화가 없는 메마른 성격의 소유자다. 마음의 창을 열어 타인의 조언을 받아들이는 습관을 길러야 된다.

얼굴점을 보면 사람을 알수가 있다

여자는 주어진 임무에 대한 자존심과 책임감이 강해 누구의 도움 없이 끝까지 마무리 짓는 여장부다. 걸걸하고 시원스런 성격은 오히려 남자에 가깝고 돈보다 명예를 더 중시한다. 따라서 대인관계가 원만해 주변에 많은 사람들이 모여 있다. 비록 재물운이 없지만 스스로 운명을 개척해가는 타입이다.

얼굴점을 보면 사람을 알수가 있다

남자는 속이 깊고 민첩하게 움직이기 때문에 정보수집능
력이 대단하다. 따라서 어떤 업무가 주어졌지만, 벌써 수
집된 정보의 분석이 끝나 일사천리로 일을 추진해 나간
다. 깔끔하고 단호한 성격이지만 잘못된 부분이 있으면
자신의 고집을 포기하고 받아들인다. 친한 사람과의 금
전거래를 삼가야 한다.

얼굴점을 보면 사람을 알수가 있다

 여자는 깊고 진취적인 사고방식으로 항상 새로운 것을 받아들이려고 하는 신지식여자상이다. 따라서 좋은 것이라면 무엇이든지 개방하여 내 것으로 만드는 야심가이다. 그래서 주변에 자신과 코드가 맞는 전문가들만 있을 뿐이다. 너무 자신의 이익만 챙기지 말고 남에게도 베푸는 마음이 중요하다.

얼굴점을 보면 사람을 알수가 있다

남자는 가진 것이 없으면서 오직 자신의 잘난 맛으로 세상을 살아간다. 하지만 이것으로 인해 화가 미쳐 모든 것이 엉망진창이 변한다. 그러나 한번의 실수는 병가지상사라는 말처럼 두 번 다시 그릇된 생각을 하지 않는다. 비록 많은 재물은 얻지 못하지만 살아가는 데는 지장이 없다. 가족관계가 돈독해 재기할 수 있는 힘을 얻을 수 있기 때문에 감사해야 한다.

얼굴점을 보면 사람을 알수가 있다

　여자는 내성적인 면이 강해 사소한 것일지라도 놓치지 않고 세심한 관찰을 한다. 특히 부드럽고 섬세한 말주변으로 인해 타인들로부터 존경받는다. 날카로운 성격을 가지고 있어 판단력이 뛰어난 기질을 가지고 있다. 어릴 때부터 금전에 시달렸기 때문에 검소하고 저축하는 습관이 있다. 직업은 카피라이터가 적격이다.

얼굴점을 보면 사람을 알수가 있다

 남자는 융통성이 전혀 없는 고집불통에 외골수적인 기질을 가지고 있다. 따라서 타인과의 화합이나 타협이 불가능한 인물로 주변에 사람이 없어 고독하다. 그래서 더더욱 강한 오기가 생겨 이를 악물고 일을 시작해서 성공시키지만 스케일이 크지는 않다. 스트레스로 인한 위장질환을 조심해야 한다.

얼굴점을 보면 사람을 알수가 있다

여자는 재물운이 늦게 있어 중년까지 고생을 하면서 살지만 만년엔 이뤄진다. 그러나 그것이 이루지기까지 스스로의 운명을 개척하지 않으면 안 된다. 즉 원만한 대인관계로 쌓아놓은 인맥을 잘 활용하여야 한다. 그러려면 아무리 작은 일이라도 신뢰와 믿음을 줘야한다.

얼굴점을 보면 사람을 알수가 있다

남자는 어느 누구에게도 불만을 표시하지 않는 부드러운
스타일로 어떤 일이건 가리지 않고 마무리 짓는 실력파
다. 평상시에는 평범하게 보이지만 일단 일을 시작했다
하면 대단한 집중력을 발휘한다. 그러나 말이 없으며 혼
자 있기를 좋아해 원만한 대인관계가 부족하다. 예리한
성격으로 여자친구가 없는 것이 흠이다.

얼굴점을 보면 사람을 알수가 있다

여자는 어떤 사물이든지 가리지 않고 세밀하게 관찰하고 연구하는 것을 좋아하는 내성적인 스타일이다. 강한 정신력과 뛰어난 집중력으로 무엇을 한번 생각했다면 밥을 굶어서라도 해답을 찾아낸다. 의리와 책임감이 있어 부탁받은 일은 반드시 매듭을 짓는다. 건강은 스트레스로 인한 소화불량이 있기 때문에 휴식시간을 가지는 것도 좋다.

얼굴점을 보면 사람을 알수가 있다

　남자는 호탕하고 진보적인 기질이 있으며 정이 많아 주변사람들과의 대인관계가 원만해 좋은 이웃들이 많다. 따라서 어려움을 당했을 때 도움도 받지만 도리어 어려움을 줄 수도 있다. 더구나 가까운 사이일수록 금전관계를 하지 않는 것이 현명하다. 돈 잃고 사람까지 잃기 때문이다. 직업은 자영업이 적당하다.

얼굴점을 보면 사람을 알수가 있다

여자는 얌전하고 지적이며 말 수가 적어 타인에게 자신이 어떤 인물이지 베일에 가려져 있다. 그렇지만 일단 시작한 일에는 누구보다 앞장서서 성공시킨다. 더구나 명석한 두뇌에서 나오는 정확한 판단력으로 예산낭비를 하지 않는 노하우도 갖추고 있는 재원이다. 또한 재물보다 자신의 업적을 더 중시한다.

얼굴점을 보면 사람을 알수가 있다

남자는 많은 상식과 지식을 전달해주는 달변가로서 주변 사람들에게 인기를 끈다. 하지만 재물운이 없어 돈을 많이 벌어도 중간에서 새어나가는 것이 많다. 따라서 사람들 앞에서는 웃지만 내면적으론 그렇지 못해 항상 우울하다. 직업으로는 연사가 적당하다. 건강은 스트레스해소를 위해 술을 많이 마시기 때문에 금주해야 한다.

얼굴점을 보면 사람을 알수가 있다

여자는 솔직한 성격에 재치와 유머감각을 지니고 있어 대인관계가 원활하다. 모임이나 회식자리 등에서 사람들을 리드하기 때문에 자신을 공격하는 적이 없다. 하지만 솔직함으로 인해 사람과 사람사이에 있는 비밀을 지키지 못해 오해를 받기도 한다. 건강은 신진대사가 원활하지 못해 팔다리가 저린 현상이 가볍게 나타난다. 경보를 하면 퇴치할 수가 있다.

얼굴점을 보면 사람을 알수가 있다

남자는 호탕하고 쾌활하며 매사 넘치는 자신감과 천성적으로 타고난 사교술이 일품이다. 사교술로 인해 큰돈을 벌지만 귀가 얇아 친구에게 사기를 당해 몽땅 날린다. 그렇지만 이성의 도움으로 재기하며 불우한 사람을 보면 도와주지 못해 안달하는 위인이다. 의리가 있고 시원시원해서 좋지만 사람을 가려서 사귀어야 해를 입지 않는다.

얼굴점을 보면 사람을 알수가 있다

여자는 한번 생각을 정했다면 끝까지 옳다고 밀어붙이기 때문에 그 누구도 대적하려고 하지 않는다. 그렇지만 일을 시작하면서 잘못된 부분이 발견되면 즉시 자신의 주장을 포기하는 시원함도 가지고 있다. 따라서 일찍부터 융통성 있는 마음을 발휘한다면 손해를 줄일 수 있겠다.

얼굴점을 보면 사람을 알수가 있다

  남자는 애정이 풍부하고 다정함이 많아 상대를 위해주는 마음이 있어 호감을 얻는다. 언변 또한 부드러우며 깔끔하고 매너 있는 행동으로 주변에 여자들이 많다. 더구나 성실하고 근면하기 때문에 일거리가 많이 들어온다. 월급쟁이보다 사업을 하는 것이 좋은데, 직종으로는 광고대행업이나 IT분야가 적절하다.

얼굴점을 보면 사람을 알수가 있다

여자는 선천적으로 꼼꼼하고 신중한 기질을 갖고 태어났다. 따라서 어떤 일을 하건 너무 따지고 세심하게 챙기는 바람에 주변에 적들이 많다. 더구나 누구의 눈치도 아랑곳 하지 않고 맡은바 임무에 충실하기 때문에 시기를 받기도 한다. 단점으로는 융통성이 결여되어 타협이 없고 혼자 눈물 흘릴 때가 많다.

얼굴점을 보면 사람을 알수가 있다

 남자는 약속을 칼같이 지키는 스타일로 한번 내뱉은 말에 대해선 절대로 취소나 변경이 없다. 나쁘게 말하면 융통성 없다고 하겠지만 좋은 의미로는 의리가 있는 것이다. 하지만 이런 사람일수록 주변사람의 감언이설에 속아 큰 화를 당할 수 있다. 이로 인해 마음이 상처가 깊어 건강까지 해친다.

얼굴점을 보면 사람을 알수가 있다

여자는 싹싹하고 도발적이며 애교가 넘치는 스타일로 험악한 분위기에서도 화기애애함을 연출하는 기술이 있다. 패션 또한 프로급 못지않게 세련되어 있으며 지적인 이미지가 물씬 풍긴다. 더구나 원만한 대인관계로 인해 사람들에게 인기를 독차지 한다. 그러나 심한 다이어트로 건강이 좋지 않기 때문에 조심해야 한다.

얼굴점을 보면 사람을 알수가 있다

남자는 마음이 약하고 인정이 많은 관계로 어려운 일일
지라도 부탁받으면 냉정하게 거절하지 못한다. 이로 인
해 손해를 보는 것이 훨씬 많아 자멸할 수도 있다. 이와
반대로 자신이 어려울 때 선뜻 부탁하지 못하는 단점을
가지고 있다. 또한 남에게 피해를 주지 않고 스스로 맡은
바 업무를 충실하게 끝낸다. 건강은 정신적은 스트레스
가 많기 때문에 휴식이 필요하다.

얼굴점을 보면 사람을 알수가 있다

 여자는 타인에게 얽매이거나 복속되는 것을 싫어하는 자유분방한 인물이다. 그렇지만 무엇이든지 시작했다가 싫증을 빨리 느껴 끝을 맺지 못한다. 이에 따라 금전적인 수입이 없기 때문에 항상 쪼들린다. 더구나 허풍이 심해 주변에 사람들이 많지만 정작 쓸모 있는 사람은 없다. 항상 진솔한 마음자세가 있어야 하겠다.

얼굴점을 보면 사람을 알수가 있다

 남자는 끈끈하고 호탕하며 의리에 죽고 의리에 사는 인물이다. 그러나 그것은 소수에 불가하기 때문에 대인관계의 폭이 좁다. 그렇지만 강한 책임감으로 어떤 일이 주어졌을 때 중단 없이 일사천리로 밀어붙여 마무리 지어 주위로부터 실력을 인정받는다. 직업은 세무사나 회계사 등이 적합하다.

얼굴점을 보면 사람을 알수가 있다

여자는 지적이고 말수가 적어 깐깐하고 빈틈없이 보이지만 알고 나면 덤벙대고 경솔한 면이 있다. 더구나 어떤 프로젝트를 맡으면 일을 시작하기보단 자랑하기에 급급하다. 두뇌가 명석해 임기응변에 능하지만 실력은 그저 그렇다. 항상 철저한 준비자세가 필요하며 차분한 마음을 가지도록 노력해야만 경쟁사회에서 살아남을 수 있다.

얼굴점을 보면 사람을 알수가 있다

남자는 겉으로는 털털하고 시원스럽게 보이지만 하는 일을 보면 쓸데없는 일에 목숨을 걸 정도로 꼼꼼하고 소심하다. 따라서 업무에 대해서도 중요한 포인트를 잡지 못하고 항상 주변만 맴돈다. 대인관계가 원만하고 사교성이 풍부해 알고 지내는 사람들이 많다. 너무 깊은 사고력을 발휘하기 때문에 혼동을 가져올 수가 있다. 정확한 판단력을 길러야 된다.

얼굴점을 보면 사람을 알수가 있다

여자는 소극적인 것보다 성격이 활발하고 욕심이 많아 다른 사람보다 무조건 앞서야 마음이 놓이는 유형이다. 더구나 양성평등도 있지만 자존심이 무척 강해 직장상사의 사적인 심부름이나 커피배달을 결코 용납하지 않는다. 어릴 때부터 저축하는 습관이 몸에 배여 있어 아끼며 저축하는 바람에 금전적으로 넉넉하다. 부모를 끝까지 모시는 효녀이기도 하다.

얼굴점을 보면 사람을 알수가 있다

 남자는 감수성이 예민하고 두뇌가 명석하며 사고력이 뛰어난 성격의 소유자로 행동보다 생각이 많기 때문에 실천력이 거의 없다. 의욕이 없고 명랑함보다 우울하며 사교성도 부족하다. 초년엔 괜찮지만 만년의 운수는 좋지 않다. 직업은 학자, 예술가, 사상가 등이 좋다. 건강은 내성격이기 때문에 위장병, 신경쇠약, 불면증 등을 조심해야 한다.

얼굴점을 보면 사람을 알수가 있다

여자는 애정이 많고 마음씨가 곱지만 약간 게으른 것이 단점이다. 쾌활한 성격으로 대인관계가 활발해 타인과도 잘 어울리지만 우유부단하다. 또한 다양한 재주가 많기 때문에 맡은 일에 전념하지 못하고 잡다한 것에 신경을 쓰다가 결국 완성하지 못한다. 유행에 민감해 패션감각이 뛰어나다. 건강은 소화기가 튼튼해 포식하는 일이 많아 조심해야 한다.

■ 저자 **최이윤** ■

• 저서 : 사주 길라잡이
　　　　택일 보감
　　　　이름 감정
　　　　십이지 편람
　　　　관상백과
　　　　관상으로 운명과 미래를 아는 법

┃**얼굴점**으로 사람의
┗**성격과 내 운명을** 알수있다

2022년 5월 5일　인쇄
2022년 5월 10일　발행

저　자　최이윤
발행인　김현호
발행처　법문북스(일문판)
공급처　법률미디어

주소　서울 구로구 경인로 54길4(구로동 636-62)
전화　02)2636-2911~2,　팩스 02)2636-3012
홈페이지　www.lawb.co.kr

등록일자　1979년 8월 27일
등록번호　제5-22호

ISBN　979-11-92369-02-0 (03180)

정가　16,000원